MERRY CHRISTMAS

TO ______________________

FROM ______________________

Sudoku Rules

Complete each empty box with the numbers 1-9. No column, row, or grid is allowed to use the same number twice. See the completed puzzle below. Good Luck!

		5			8		9	2
			1		6		8	3
	3	8			5			4
		3	5				1	9
9		6				2		7
	5				9	3		8
			9			8	2	1
	7		2		1	4	3	5
5	2	1	3	8	4	9	7	6

6	1	5	4	3	8	7	9	2
4	9	7	1	2	6	5	8	3
2	3	8	7	9	5	1	6	4
7	8	3	5	4	2	6	1	9
9	4	6	8	1	3	2	5	7
1	5	2	6	7	9	3	4	8
3	6	4	9	5	7	8	2	1
8	7	9	2	6	1	4	3	5
5	2	1	3	8	4	9	7	6

6		2	5			3		4
	7	8	6					
					2	8		1
5			7	1	6			
			2	9	4			3
1		6	3					
					5	9	8	
8		4			7	1		2

#1

1	4			9				3
		9						
5	3		8	4	7			
				5	3		9	
	1	2				4	6	
	6		4	2				
			7	6	4		3	8
						5		
4				3			7	1

#2

			1	6	8		3	2
	6		5					
3	5					9		
			9		6		1	3
2				4				8
7	3		8		2			
		4					8	7
					7		4	
5	1		4	8	3			

#3

		5			8		9	2
			1		6		8	
	3	8			5			
		3	5				1	
9		6				2		7
	5				9	3		
			9			8	2	
	7		2		1			
5	2		3			9		

#4

	7		6		9			
2		4					7	
8			7		3	4		
	8			5	7			
	6		2	3	4		1	
			8	6			5	
		8	1		6			3
	1					9		8
			4		2		6	

#5

	6		7		9		5	
9		8						1
7			8			9		
3	4			5				
		5	9		1	2		
				3			4	6
		6			2			8
8						1		5
	9		1		5		3	

#6

5					3	2	4	8
	3			8	4			5
			5			6		
7	8			2				
			1		9			
				6			9	2
		3			6			
4			8	5			1	
6	2	8	4					7

#7

	8			6	9		2	5
3		2						
			5	2				3
2	1			8	3			
9								8
			1	9			5	4
8				5	2			
						1		6
4	7		6	1			9	

#8

	7	8	2				6	
							8	
		9	8	3	4			
7		2	1					5
3		6		7		8		4
8					9	1		2
			9	2	1	3		
	6							
	2				7	9	5	

#9

			8			1		9
				6				
9	6	8	2					5
1		3	4			8		
5			3	7	2			4
		6			1	5		3
8					3	9	7	1
				9				
4		1			7			

#10

		9						
8	3		1	5	9			
6		4			2		7	
4		8				2		
	5		7		6		3	
		1				9		7
	9		4			1		5
			9	3	5		2	4
						3		

#11

9			2		7			5
				3		7		1
2					1	8		
	6	4		2			8	
			9		4			
	2			1		4	6	
		3	8					6
7		2		4				
4			3		5			8

#12

					4	2		3
	8	4				7		
3	1	7		5	8			
		3			7	6		
9				3				8
		8	5			3		
			3	4		5	6	1
		1				9	2	
4		2	9					

#13

		1	5			4	6	8
				8	3			
	2		7	4			3	
5							1	4
			9		4			
1	4							9
	9			7	6		2	
			3	5				
7	3	2			8	5		

#14

			7	9		2		1
		6	2			9		3
4			6					
7		2				5		4
			3		7			
8		4				3		7
					3			8
6		3			2	1		
2		1		5	8			

#15

		4	5			7		
	2			8		6	1	
					1	4		
	7			5	8			
5		9	6	3	4	8		2
			9	1			3	
		7	1					
	4	1		6			5	
		6			3	9		

#16

	6	3	7				2	1
	4				6			
5			8		4	9	3	
			6					3
		9				7		
3					7			
	3	8	5		2			7
			1				4	
2	7				3	8	5	

#17

			4		6			
				9		8		3
9		2	1	8			5	
2	5	4					1	
		1				5		
	6					3	8	4
	1			2	5	6		9
6		3		1				
			9		7			

#18

			9	1		2		
	8	6	5		2			
						9		
3	2			4		7	8	9
			7		9			
4	9	7		8			1	5
		4						
			4		8	5	2	
		1		2	6			

#19

					8			
			2	9	1	4		8
2	6						5	
6		4	7			8		
		7	5	2	4	6		
		5			6	9		7
	8						3	4
3		2	1	8	5			
			4					

#20

8		9	3	5		7		
	3		2	7				
5	2				9			
7				8			6	2
1	9			3				4
			5				4	7
				4	8		5	
		4		1	7	6		8

#21

8					6			
4	5	1						
				3	1	8		5
2	8			6		3		
	1		9		8		4	
		4		1			8	9
9		5	1	7				
						9	3	4
			2					7

#22

8	5	6						3
3					8		4	
9	7		3			5		
	1				4	9		
	6						3	
		8	5				7	
		2			5		6	4
	4		8					9
7						8	2	1

#23

3		1	9				6	4
	2			4		1	9	
4		9						
			4	6		5		
			3		5			
		2		7	9			
						3		7
	3	4		8			2	
7	5				1	8		9

#24

	1		5			8	9	
2		8	9	3		7		
5					7			
	2			9		4	5	
	8	7		5			3	
			8					6
		6		4	5	1		8
	5	4			2		7	

#25

7	3			8	6		1	
5								
1			7		9		4	8
						8	3	
	2		8		7		9	
	7	6						
9	5		3		4			1
								4
	1		9	7			2	3

#26

				9			2	
7			6				8	
2	9		5		8			1
			3			6		
5	2		9		7		3	8
		1			5			
1			8		9		6	3
	6				1			5
	8			3				

#27

		3	1					2
			6		3	8		1
5							9	6
	2	5		6			8	
3				2				7
	8			4		2	1	
2	5							8
4		7	5		6			
8					9	4		

#28

		3		8			7	2
8	2	4						
	1					6		
	4		5		7		3	1
			1	3	4			
1	3		2		8		5	
		9					2	
						5	4	9
6	7			4		8		

#29

4	7	2			1	8		
8		9				1		
				4		7		9
			5	8	3		6	
	8		2	1	4			
2		4		9				
		7				5		3
		8	3			4	9	1

#30

					9	2		
6	9	4	2	5		7		
					3		5	
3		9			8	5		2
2		5	7			8		3
	4		9					
		3		4	7	9	2	5
		2	3					

#31

			4				5	
8			6	5		2	3	
		3			7			
				4	1	6		3
4		2		7		1		5
6		1	3	2				
			7			9		
	1	4		9	8			2
	2				4			

#32

	8						3	
6	7	5			2			8
3					7			
		3		7		8	5	
4			1		9			6
	2	6		4		9		
			7					2
2			8			4	7	5
	4						8	

#33

			8	3		4	1	
				5	1		8	
		7			4			3
		9		6			7	
	2	1				8	3	
	3			1		5		
9			4			7		
	7		5	9				
	8	3		7	2			

#34

1	3				7			
			8		6			4
	4			2	3	9		1
2				9		7		
	8						4	
		4		6				3
5		9	1	8			6	
4			7		2			
			6				8	7

#35

	6	5		2	1		3	
			4			1		
		4	5			2		8
	9			7				
	8		6		4		1	
				1			6	
3		9			5	7		
		8			9			
	4		8	3		5	9	

#36

						7		
7		2			4	6		
3	5		2					
	4		5	2	3			7
	2		8		1		5	
5			4	9	7		1	
					2		9	3
		4	1			2		6
		9						

#37

5							3	
	4	7			8			
9			1	3	4	8		
		4	8					3
	3	6				9	1	
8					6	5		
		8	4	2	5			1
			7			2	5	
	2							7

#38

	5				3			
		4	9		1	6		
							2	1
3	1	9	5					7
	2	5		4		9	1	
4					6	2	3	5
9	6							
		2	7		9	5		
			8				7	

#39

			6		7		8	4
	8	7			2		6	
5								1
7					6	9		
		6	9		5	7		
		3	8					6
2								5
	7		5			4	2	
6	9		4		3			

#40

SOLUTIONS

1

6	1	2	5	8	9	3	7	4
4	7	8	6	3	1	5	2	9
9	3	5	4	7	2	8	6	1
5	4	3	7	1	6	2	9	8
2	6	9	8	5	3	4	1	7
7	8	1	2	9	4	6	5	3
1	9	6	3	2	8	7	4	5
3	2	7	1	4	5	9	8	6
8	5	4	9	6	7	1	3	2

2

1	4	7	2	9	6	8	5	3
8	2	9	3	1	5	7	4	6
5	3	6	8	4	7	2	1	9
7	8	4	6	5	3	1	9	2
3	1	2	9	7	8	4	6	5
9	6	5	4	2	1	3	8	7
2	5	1	7	6	4	9	3	8
6	7	3	1	8	9	5	2	4
4	9	8	5	3	2	6	7	1

3

4	7	9	1	6	8	5	3	2
1	6	2	5	3	9	8	7	4
3	5	8	7	2	4	9	6	1
8	4	5	9	7	6	2	1	3
2	9	6	3	4	1	7	5	8
7	3	1	8	5	2	4	9	6
9	2	4	6	1	5	3	8	7
6	8	3	2	9	7	1	4	5
5	1	7	4	8	3	6	2	9

4

6	1	5	4	3	8	7	9	2
4	9	7	1	2	6	5	8	3
2	3	8	7	9	5	1	6	4
7	8	3	5	4	2	6	1	9
9	4	6	8	1	3	2	5	7
1	5	2	6	7	9	3	4	8
3	6	4	9	5	7	8	2	1
8	7	9	2	6	1	4	3	5
5	2	1	3	8	4	9	7	6

5

1	7	3	6	4	9	2	8	5
2	9	4	5	1	8	3	7	6
8	5	6	7	2	3	4	9	1
4	8	1	9	5	7	6	3	2
5	6	7	2	3	4	8	1	9
3	2	9	8	6	1	7	5	4
7	4	8	1	9	6	5	2	3
6	1	2	3	7	5	9	4	8
9	3	5	4	8	2	1	6	7

6

4	6	3	7	1	9	8	5	2
9	2	8	5	6	4	3	7	1
7	5	1	8	2	3	9	6	4
3	4	2	6	5	8	7	1	9
6	7	5	9	4	1	2	8	3
1	8	9	2	3	7	5	4	6
5	1	6	3	7	2	4	9	8
8	3	7	4	9	6	1	2	5
2	9	4	1	8	5	6	3	7

7

5	7	1	6	9	3	2	4	8
9	3	6	2	8	4	1	7	5
8	4	2	5	1	7	6	3	9
7	8	9	3	2	5	4	6	1
2	6	5	1	4	9	7	8	3
3	1	4	7	6	8	5	9	2
1	5	3	9	7	6	8	2	4
4	9	7	8	5	2	3	1	6
6	2	8	4	3	1	9	5	7

8

1	8	4	3	6	9	7	2	5
3	5	2	8	4	7	9	6	1
6	9	7	5	2	1	8	4	3
2	1	5	4	8	3	6	7	9
9	4	6	2	7	5	3	1	8
7	3	8	1	9	6	2	5	4
8	6	1	9	5	2	4	3	7
5	2	9	7	3	4	1	8	6
4	7	3	6	1	8	5	9	2

9

1	7	8	2	9	5	4	6	3
2	3	4	7	1	6	5	8	9
6	5	9	8	3	4	2	1	7
7	9	2	1	4	8	6	3	5
3	1	6	5	7	2	8	9	4
8	4	5	3	6	9	1	7	2
5	8	7	9	2	1	3	4	6
9	6	1	4	5	3	7	2	8
4	2	3	6	8	7	9	5	1

10

2	7	4	8	3	5	1	6	9
3	1	5	7	6	9	2	4	8
9	6	8	2	1	4	7	3	5
1	2	3	4	5	6	8	9	7
5	8	9	3	7	2	6	1	4
7	4	6	9	8	1	5	2	3
8	5	2	6	4	3	9	7	1
6	3	7	1	9	8	4	5	2
4	9	1	5	2	7	3	8	6

11

5	2	9	6	7	4	8	1	3
8	3	7	1	5	9	6	4	2
6	1	4	3	8	2	5	7	9
4	7	8	5	9	3	2	6	1
9	5	2	7	1	6	4	3	8
3	6	1	2	4	8	9	5	7
2	9	3	4	6	7	1	8	5
1	8	6	9	3	5	7	2	4
7	4	5	8	2	1	3	9	6

12

9	4	1	2	8	7	6	3	5
6	5	8	4	3	9	7	2	1
2	3	7	6	5	1	8	9	4
1	6	4	7	2	3	5	8	9
8	7	5	9	6	4	3	1	2
3	2	9	5	1	8	4	6	7
5	9	3	8	7	2	1	4	6
7	8	2	1	4	6	9	5	3
4	1	6	3	9	5	2	7	8

SOLUTIONS

13

5	9	6	1	7	4	2	8	3
2	8	4	6	9	3	7	1	5
3	1	7	2	5	8	4	9	6
1	4	3	8	2	7	6	5	9
9	2	5	4	3	6	1	7	8
7	6	8	5	1	9	3	4	2
8	7	9	3	4	2	5	6	1
6	3	1	7	8	5	9	2	4
4	5	2	9	6	1	8	3	7

14

3	7	1	5	2	9	4	6	8
9	5	4	6	8	3	1	7	2
6	2	8	7	4	1	9	3	5
5	6	9	8	3	7	2	1	4
2	8	7	9	1	4	6	5	3
1	4	3	2	6	5	7	8	9
8	9	5	4	7	6	3	2	1
4	1	6	3	5	2	8	9	7
7	3	2	1	9	8	5	4	6

15

3	5	8	7	9	4	2	6	1
1	7	6	2	8	5	9	4	3
4	2	9	6	3	1	8	7	5
7	3	2	8	1	6	5	9	4
9	1	5	3	4	7	6	8	2
8	6	4	5	2	9	3	1	7
5	9	7	1	6	3	4	2	8
6	8	3	4	7	2	1	5	9
2	4	1	9	5	8	7	3	6

16

1	3	4	5	2	6	7	9	8
7	2	5	4	8	9	6	1	3
6	9	8	3	7	1	4	2	5
4	7	3	2	5	8	1	6	9
5	1	9	6	3	4	8	7	2
8	6	2	9	1	7	5	3	4
3	8	7	1	9	5	2	4	6
9	4	1	8	6	2	3	5	7
2	5	6	7	4	3	9	8	1

17

8	6	3	7	5	9	4	2	1
9	4	2	3	1	6	5	7	8
5	1	7	8	2	4	9	3	6
7	5	4	6	8	1	2	9	3
1	8	9	2	3	5	7	6	4
3	2	6	9	4	7	1	8	5
4	3	8	5	9	2	6	1	7
6	9	5	1	7	8	3	4	2
2	7	1	4	6	3	8	5	9

18

5	3	8	4	7	6	2	9	1
1	4	6	5	9	2	8	7	3
9	7	2	1	8	3	4	5	6
2	5	4	6	3	8	9	1	7
3	8	1	7	4	9	5	6	2
7	6	9	2	5	1	3	8	4
8	1	7	3	2	5	6	4	9
6	9	3	8	1	4	7	2	5
4	2	5	9	6	7	1	3	8

19

5	4	3	9	1	7	2	6	8
9	8	6	5	3	2	1	7	4
7	1	2	8	6	4	9	5	3
3	2	5	6	4	1	7	8	9
1	6	8	7	5	9	3	4	2
4	9	7	2	8	3	6	1	5
2	7	4	1	9	5	8	3	6
6	3	9	4	7	8	5	2	1
8	5	1	3	2	6	4	9	7

20

4	1	9	6	5	8	3	7	2
5	7	3	2	9	1	4	6	8
2	6	8	3	4	7	1	5	9
6	3	4	7	1	9	8	2	5
8	9	7	5	2	4	6	1	3
1	2	5	8	3	6	9	4	7
7	8	1	9	6	2	5	3	4
3	4	2	1	8	5	7	9	6
9	5	6	4	7	3	2	8	1

SOLUTIONS

21

8	1	9	3	5	4	7	2	6
4	3	6	2	7	1	8	9	5
5	2	7	8	6	9	4	1	3
7	4	3	1	8	5	9	6	2
6	8	5	4	9	2	3	7	1
1	9	2	7	3	6	5	8	4
9	6	8	5	2	3	1	4	7
3	7	1	6	4	8	2	5	9
2	5	4	9	1	7	6	3	8

22

8	9	3	7	5	6	4	1	2
4	5	1	8	9	2	7	6	3
7	2	6	4	3	1	8	9	5
2	8	9	5	6	4	3	7	1
3	1	7	9	2	8	5	4	6
5	6	4	3	1	7	2	8	9
9	4	5	1	7	3	6	2	8
1	7	2	6	8	5	9	3	4
6	3	8	2	4	9	1	5	7

23

8	5	6	4	7	1	2	9	3
3	2	1	9	5	8	6	4	7
9	7	4	3	2	6	5	1	8
5	1	7	2	3	4	9	8	6
2	6	9	1	8	7	4	3	5
4	3	8	5	6	9	1	7	2
1	8	2	7	9	5	3	6	4
6	4	3	8	1	2	7	5	9
7	9	5	6	4	3	8	2	1

24

3	8	1	9	5	2	7	6	4
6	2	5	7	4	3	1	9	8
4	7	9	8	1	6	2	3	5
1	9	3	4	6	8	5	7	2
8	4	7	3	2	5	9	1	6
5	6	2	1	7	9	4	8	3
2	1	8	6	9	4	3	5	7
9	3	4	5	8	7	6	2	1
7	5	6	2	3	1	8	4	9

25

7	1	3	5	2	6	8	9	4
2	4	8	9	3	1	7	6	5
5	6	9	4	8	7	2	1	3
3	2	1	6	9	8	4	5	7
4	9	5	7	1	3	6	8	2
6	8	7	2	5	4	9	3	1
1	3	2	8	7	9	5	4	6
9	7	6	3	4	5	1	2	8
8	5	4	1	6	2	3	7	9

26

7	3	9	4	8	6	2	1	5
5	4	8	2	3	1	7	6	9
1	6	2	7	5	9	3	4	8
4	9	1	5	6	2	8	3	7
3	2	5	8	4	7	1	9	6
8	7	6	1	9	3	4	5	2
9	5	7	3	2	4	6	8	1
2	8	3	6	1	5	9	7	4
6	1	4	9	7	8	5	2	3

27

4	5	8	1	9	3	7	2	6
7	1	3	6	2	4	5	8	9
2	9	6	5	7	8	3	4	1
8	7	9	3	1	2	6	5	4
5	2	4	9	6	7	1	3	8
6	3	1	4	8	5	9	7	2
1	4	7	8	5	9	2	6	3
3	6	2	7	4	1	8	9	5
9	8	5	2	3	6	4	1	7

28

6	4	3	1	9	8	7	5	2
9	7	2	6	5	3	8	4	1
5	1	8	4	7	2	3	9	6
1	2	5	3	6	7	9	8	4
3	9	4	8	2	1	5	6	7
7	8	6	9	4	5	2	1	3
2	5	9	7	1	4	6	3	8
4	3	7	5	8	6	1	2	9
8	6	1	2	3	9	4	7	5

29

5	6	3	4	8	9	1	7	2
8	2	4	6	7	1	3	9	5
9	1	7	3	5	2	6	8	4
2	4	8	5	6	7	9	3	1
7	9	5	1	3	4	2	6	8
1	3	6	2	9	8	4	5	7
4	5	9	8	1	3	7	2	6
3	8	1	7	2	6	5	4	9
6	7	2	9	4	5	8	1	3

30

4	7	2	9	5	1	8	3	6
8	5	9	7	3	6	1	4	2
6	1	3	8	4	2	7	5	9
7	2	1	5	8	3	9	6	4
3	4	5	6	7	9	2	1	8
9	8	6	2	1	4	3	7	5
2	3	4	1	9	5	6	8	7
1	9	7	4	6	8	5	2	3
5	6	8	3	2	7	4	9	1

31

5	3	7	8	6	9	2	1	4
6	9	4	2	5	1	7	3	8
1	2	8	4	7	3	6	5	9
3	7	9	6	1	8	5	4	2
4	8	6	5	3	2	1	9	7
2	1	5	7	9	4	8	6	3
7	4	1	9	2	5	3	8	6
8	6	3	1	4	7	9	2	5
9	5	2	3	8	6	4	7	1

32

2	9	6	4	1	3	8	5	7
8	4	7	6	5	9	2	3	1
1	5	3	2	8	7	4	9	6
9	7	5	8	4	1	6	2	3
4	3	2	9	7	6	1	8	5
6	8	1	3	2	5	7	4	9
5	6	8	7	3	2	9	1	4
7	1	4	5	9	8	3	6	2
3	2	9	1	6	4	5	7	8

SOLUTIONS

33

9	8	4	6	1	5	2	3	7
6	7	5	3	9	2	1	4	8
3	1	2	4	8	7	5	6	9
1	9	3	2	7	6	8	5	4
4	5	8	1	3	9	7	2	6
7	2	6	5	4	8	9	1	3
8	6	1	7	5	4	3	9	2
2	3	9	8	6	1	4	7	5
5	4	7	9	2	3	6	8	1

34

2	9	5	8	3	7	4	1	6
3	6	4	9	5	1	2	8	7
8	1	7	6	2	4	9	5	3
5	4	9	3	6	8	1	7	2
6	2	1	7	4	5	8	3	9
7	3	8	2	1	9	5	6	4
9	5	6	4	8	3	7	2	1
1	7	2	5	9	6	3	4	8
4	8	3	1	7	2	6	9	5

35

1	3	5	9	4	7	6	2	8
9	2	7	8	1	6	5	3	4
8	4	6	5	2	3	9	7	1
2	5	3	4	9	8	7	1	6
6	8	1	3	7	5	2	4	9
7	9	4	2	6	1	8	5	3
5	7	9	1	8	4	3	6	2
4	6	8	7	3	2	1	9	5
3	1	2	6	5	9	4	8	7

36

8	6	5	7	2	1	4	3	9
9	2	7	4	8	3	1	5	6
1	3	4	5	9	6	2	7	8
6	9	1	3	7	2	8	4	5
7	8	3	6	5	4	9	1	2
4	5	2	9	1	8	3	6	7
3	1	9	2	6	5	7	8	4
5	7	8	1	4	9	6	2	3
2	4	6	8	3	7	5	9	1

37

4	9	1	6	3	5	7	2	8
7	8	2	9	1	4	6	3	5
3	5	6	2	7	8	1	4	9
1	4	8	5	2	3	9	6	7
9	2	7	8	6	1	3	5	4
5	6	3	4	9	7	8	1	2
6	1	5	7	8	2	4	9	3
8	3	4	1	5	9	2	7	6
2	7	9	3	4	6	5	8	1

38

5	8	1	2	9	7	6	3	4
3	4	7	6	5	8	1	2	9
9	6	2	1	3	4	8	7	5
2	5	4	8	1	9	7	6	3
7	3	6	5	4	2	9	1	8
8	1	9	3	7	6	5	4	2
6	7	8	4	2	5	3	9	1
4	9	3	7	8	1	2	5	6
1	2	5	9	6	3	4	8	7

39

1	5	6	2	8	3	7	9	4
2	8	4	9	7	1	6	5	3
7	9	3	6	5	4	8	2	1
3	1	9	5	2	8	4	6	7
6	2	5	3	4	7	9	1	8
4	7	8	1	9	6	2	3	5
9	6	7	4	3	5	1	8	2
8	3	2	7	1	9	5	4	6
5	4	1	8	6	2	3	7	9

40

3	1	2	6	9	7	5	8	4
4	8	7	1	5	2	3	6	9
5	6	9	3	4	8	2	7	1
7	5	1	2	3	6	9	4	8
8	4	6	9	1	5	7	3	2
9	2	3	8	7	4	1	5	6
2	3	4	7	8	1	6	9	5
1	7	8	5	6	9	4	2	3
6	9	5	4	2	3	8	1	7

76343813R00051

Made in the USA
Lexington, KY
20 December 2017